JN440271

눈물은 나의 연봉

김시동 시집

문학의전당 시인선
159

눈물은 나의 연봉

김시동 시집

문학의전당

시인의 말

삶 속에. 그대 있어. 행복합니다. 절망이 와도. 외면 말라던. 당신 있어. 행복합니다. 밑바닥에서. 허우적거려도. 당신 있어. 행복합니다. 내 삶. 끝나는 날까지. 동행하는 당신 있어. 오늘. 나는. 그 누구보다. 행복하다고. 당신에게. 고백합니다. 바로. 당신은 나의 행복. 나는. 당신의 행복입니다.

2013년 여름
안산 원곡동에서
김시동

차례

제2부

제3부

제4부

제1부

시의 밭

자음이 굴러온다
모음이 뛰어와 깍지를 끼고
구르고 굴러 한 고랑 두 고랑
이어지면서 가꾸어 나간다
휴식 시간마다 마침표를 찍으며
시 밭을 가꾸는데
잡초는 지우개로 말끔히 지우고
그렇게 만들어지는
시의 밭
이것은 자음과 모음이
만들어낸 합작품
평생을 먹어도
남기고 갈
마음의 양식

나를 품은 무섬*

은하수로 수놓은 물결
달빛에 젖어 주름살
살살 피며 흐르는 이 밤
고요 속에 고운 모래 만지는
바람결의 소리
모래손이 보드라워라
그리움에 지새운
이 밤이야 후회 없다지만
새벽까지 깨어 있는 까닭은
밤새 강물에 뒤척이는
외로운 무섬 탓이고
돌아앉아 마른 눈물 훔치며
저리 흘러가는 까닭은
멀리서 찾아오는 길손을
그냥 보낼 수 없기 때문이리라

---

* 영주 수도리에 있는 마을.

따뜻한 풍경

어젯밤
함박눈이 내렸는데
하늘에서 하얀 털실이 내려왔는데
그 털실로 지상의 나무들은 하얀 털옷을 만들었고
사람들은 하얀 빵모자를 만들어 썼고
얼어붙은 길들은 하얀 솜이불을 만들어 덮고
추위에 꽁꽁 발이 얼어붙은 풀들은
하얀 부츠를 만들어 신었다

동무 생각

고통* 옛 정자 팔부 능선에 앉아 옛 전설을 입고
살아가니 오가는 미물도 솔향기도
찾아오는 것이 예나 지금이나 변함이 없고
봄이면 송홧가루 산벚꽃도 흐드러지게
날리고 피는 것도 그대로입니다
솔잎 사이로 간간이 눈치 보는
안동호는 아무리 봐도 객인 것은 어쩔 수 없나 봅니다

내 여기 서서 오가는 행인들 말벗 하자니
모두가 이별과 원망의 눈빛이고
샘솟는 그리움도 모두가 갔으니
이별도 그리움도 내 화답하지 못하고
뜬눈 세워 새벽이슬만 드리니 마음이 아픕니다
그리고 노을 진 눈으로 떠나가는 당신의 뒷모습 보니
숙연해지는 이 몸 가슴이 여미어 오는 것은 어쩔 수 없나 봅니다

변치 않는 동무 생각하는 당신이나

옛정 그리는 나나 이심전심이니
그리운 이 만나거든 꼭 한 번 이 몸 찾아주시길 바랍니다
내 곁에 앉아 옛 회포나 풀고 가도록
자리 마련해둘 터이니
안동 막걸리나 한 병 사오시면 됩니다
안주야 별과 달이 있으니 한잔하고 싶은 것은 나도 어쩔 수 없나 봅니다

---

* 안동군 예안면 귀단동의 마을 이름. 1976년 안동댐으로 인해 수몰되었다.

풀

쓰러지는 것은 휘어지는 것이다
그리고 부드럽다는 것은
마음이 따뜻한 것이다
그러니 온 산천이 우리들의
보금자리를 외면하지 않는 것이다
우리는 찬비에 젖고 태풍에 맞아도
힘겨운 무게에 눌린다 해도
손에 손잡고 일어나
서로 보듬으면서 살아가지
오가는 바람은 칭찬이 자자하다
항상 허리 굽혀 인사를 하니
예의가 바르다고 말이다
외면하면 할수록 내면에 세계는
강해지는 그 이름
우리는 풀이다

혀는 칼날이다

꽃과 나뭇잎은 대지에서 서로 침범하지 않고
다툼 없이 서로 아끼고 보듬으면서 살지
텅 빈 마음속 비어 있어야 채울 수 있다고
아낌없이 나누어주는 자연의 미덕은
역행하는 일이 없기 때문이다

순리를 모르는 인간의 입은
칼날을 돌돌 말아 숨기고 있지
모진 말 휘두르며 아름다운 마음을 자르고
욕심과 이기심에 자신마저 베어버리지
타인을 무시하는 언변으로
끝내는 남의 삶마저 베어버리는
내 입속에는 혀라는 칼날이 있지

빼앗기지 않는 풍경

봄은 부포들에서 헛기침하고서는
귀단으로 성큼성큼 거동을 하십니다
그 바람에 고통마을 어귀 미루나무 놀래어
앞다투어 밖으로 나오고
그 아우성에 동계수 봄기운 받아
자맥질이 빨라지는 이곳에는
쏘가리 피라미 버들뭉치 봄 마중에 귀 기울이고
강변 몽돌들의 웃음소리는 사철 변함이 없습니다
풀꽃들의 본고향 근육질의 봇둑
봄이면 벌 나비들의 신혼방입니다
강둑마다 물오른 버들가지 노랫가락에
골골이 화관 쓴 산 고개에는
꽃들의 잔치가 밤낮이 없고
부포 고통 인겔 지촌 보리잎맥
왕성한 청춘이다 보니 풍년과 약혼을 합니다
옛 전설 안고 선 와운데 당산나무
가지마다 소설이고 잎마다 시풍입니다
바람난 봄 동계수 무등 타고

여름 마중 바삐 가는 내 고향 춘삼월 풍경은
아직 수몰에게 빼앗기지 않았습니다

---

*부포, 고통, 인겔, 지촌, 와운데 : 안동시 예안면 귀단리에 있는 마을 이름.

콩이 구르는 이유

아주 멀리 도망가는 것을 미리 염두에 두고
어른이 될 때까지 문 꽉 걸어 잠그고
문고리 부서지는 그날을 기다리는데
자랄수록 멀리 도망갈 궁리만 하는
콩들에게는 이유가 있어서이다
매끄러운 옷이고 동글동글한
몸이다 보니 멀리 굴러가기 좋다
야무지게 태어난 것을 감사히 생각하면서
내게도 삶이 있는 한
아무에게나 구애받지 않고
자유롭게 마음껏 멀리 굴러가
자수성가해서 새로운 살림 차리며
번식하고 싶은 것이
콩이 구르는 이유이다

꽃의 내공

따스한 햇발이 내리는
조용한 언덕 기대어
지나는 바람에 미소를 던지고
고요히 향기를 날리며
마음껏 피고 싶었는데
아직 현실의 냉정과 싸늘한 벽은
쳐다보지 말라고
싸늘한 찬바람만 주는데
부족함이 많은 꽃이여
다시 한 번 대궁이 향기를 머금도록
담금질하셔야 합니다
설한풍에도 꺾이지 않도록
배고프면 칼바람도 먹어가며
깊은 정신의 내공을 쌓아야 합니다
그러면 아무리 험한 세상도
따뜻하게 보이니
어디에서라도 피어나
고운 향기 날릴 수 있을 것입니다

벙어리 안동호야

옛길 그리워 아래를 보는 솔아 너 잎 사이로
부챗살 살살 펴며 가는 얄미운 안동호야
너는 모든 것을 품고도 말이 없으니
무서운 것이 바로 너란 말이다
객은 내가 아니고 바로 네가 객인 것이다
너 온 뒤 모두 떠난 빈 강둑에
오는 것은 철마다 갈대 형제들뿐이니
내 동무 소식도 모르고 온 안동호야
강둑에 앉아 그리워한 지 몇 해인가
내 이럴 줄 알았다면 고사리손 잡지 않았고
정도 주지 않고 마음도 바위처럼 지낼 텐데
친구야 우리는 서로 너무 멀리 와버렸다
지금까지 서로 기다렸다는 것이
인생에 장애가 돼버렸다 친구야
골골이 주름살이 판을 치고 있으니
어깨동무했던 어깨는 그리움에 지쳐서 굽어 있고
달덩어리 같던 얼굴은 온데간데없고
잔주름 밭에 검은 꽃들이 활개를 치니

빳빳한 머리카락도
그리움에 지쳐 하나둘 힘에 겨워 떠나고 없으니
어디 가서 보상받아야 하니
너라면 어떡하겠니 무심한 안동호야
말 좀 해다오 벙어리 같은 안동호야

저녁노을

고추가 익는 늦은 가을
눈으로 유언장을 쓰시는지
시골 방구들 등짐 지고
파리똥 묻은 천장을 뚫어져라 보는 동공
벽에 걸린 무명 동아줄 잡고도
일어나지 못하는 산송장
닫고 있던 입문이 열리고
애비 살아 있을 때
얼굴 마이 봐래이 하신다
내 가슴 위로 물수제비가 일고
심장은 파문을 일으키지만
생계를 위해
일어서야 하는 내 삶이 원수다
그날
넘어오던 박슥재 저녁노을이
아버지의 눈처럼 충혈이 심하다

시낭송

끊어지다가 이어지고
음률이 살아 숨 쉬듯
여름밤 빗줄기는 시를 쓰고 있다
이 밤이 다 지나도록 밤이다
번쩍이는 번개에서
시상이 떠오른 시 주머니인 먹구름은
온 대지가 화선지인
낮은 곳으로 강약을 조절하며
물 흐르듯 써내려간다
비 그친 여름 아침
산과 들 강들은 시낭송이 한창이다
그 소리는 아주 맑고 청량하다

동계초*의 염원

사계 예안 태곡 들에 반듯하게 서서
남산을 향해 서 있노라면 상념이
노을 되어 온몸을 휘감고 주마등처럼 스치는
회상이 얼굴을 스치고 귓불을 지나고
가슴을 스치니 아들딸 가는 길 어두울까
노심초사하는 심성 밤하늘 유성보다 밝아서라
동계수 흐르는 물소리가 아무리 청량해도
아들딸 책 읽는 소리보다 못하였고
밤하늘 별이 아무리 밝아도
내 자식 동공보다 밝지 못하였다
태산이 높다 한들 자식 꿈보다 높지 않았고
지긋이 눈감아 내 오늘 자식들 그려보니
하나같이 타향 객지 고을마다 이 몸
그리는 열성 효심은 바다처럼 넓은데
그 도량 또한 너무 깊어 내 오늘 너무 기쁘다
바르게 자란 것에 감사하는 이 마음은
가슴이 뜨거워지고 눈물이 앞을 가리니
내 어찌 그냥 보고 지나칠 것이냐

비록 허름한 몸이라 하나 뼈대 반듯하고
심지가 깊은 나다 義와 知 德이 으뜸인
배움의 전당 동계초등학교
선남선녀 가는 길에 혼불 되어 밝히리라

---

* 안동시 예안면 태곡리에 위치한 초등학교. 현재는 폐교됨.

도산서원의 상념

솔숲이 방석이고 산 벽이 호위하니
아담하고 반듯한 서원
천년이고 만년이고
푸른 도포자락 날리며
안동호 푸른 물결
내려다보며 옛 시름에 잠기는데
말없는 것은 변하는 것이 없고
말 많은 사람은 자주 변하니
무병장수가 없는 것이라 하며
산마루 해 그늘 바라보는데
반겨줄 문인은 오지 않고
장돌뱅이 흙바람이 나를 맞이하더니
빈방 들락날락 먼지만 들려 보내고
인사 없이 갈 뿐이다
저 깊은 도량 뉘에게 가르치나
아직 맑은 정신 그대로거늘
도산서원은 지금도

제2부

겸손한 건축가

거미들은 소리 소문 없이 집을 착공한다 그것은 거미줄이 눈먼 날벌레들의 관이기 때문인데 뱃속에 건축자재와 설계도면을 넣고 다니면서 적당한 터가 발견되면 신속히 벽과 벽을 연결해 신축공사를 시작한다 얼마나 정갈한지 설계에는 따를 자가 없다 뭇 생명들의 시야가 흐려지는 초저녁이 준공하기 딱 좋은 시간대 눈에는 화력발전기가 가동한 것이 분명하다 집들이는 하지 않는 것이 건축가들의 특징 오직 죽음을 기다리는 기도만이 있을 뿐이다 자살자들이 많을수록 아침 식단은 만찬이지만 장례도 치러줄 만큼 건축가들은 겸손하다 하얀 실로 돌돌 고치를 말면 염이 끝나는 것이라고 거미집의 아침은 언제나 분주하다

나팔꽃의 편지

힘없는 줄기나 정신력 하나는
둘째가라면 서러운 꽃입니다
숨통 조이며 매달린 나를 보고
남들이 나에게 말합니다
귀찮게 빌붙어서 남에게 의지하며
살아간다고 하지만 내 심성 내 자신이
그것이 아니면 되는 것입니다
누가 뭐라고 해도 말입니다
세상 풍파와 싸우는 당신 곁에서
흔들리며 꺾이지 않도록
꽉 잡아주면서 살아갈 것입니다
피곤한 몸 포근히 감싸면서
밤새워 평화롭게 잠든 모습 보는 것이
내 여린 소망이기도 합니다
나를 외면하면 할수록 더욱
옥죄이며 풀 거머리로 살아가야 하는 것이
내 운명인 것을 감사히 받아들입니다
아침마다 미소로 용기와 희망을 주면서

꿈을 향해 갈 수 있도록 매일 아침 꼭 안아주는

나팔꽃을 당신은 아셔야 합니다

단풍 이야기

내 고향에는 봉제 공장이 있는데
겨울 동안 미싱공이 아주 작은 주름을 만들고
염색 공장에서는 녹색에서 붉은색까지
염색공이 가방에 꼭꼭 챙겨주시면
부모님은 이름을 지어주신다 새싹이라고 말이다
가지의 실눈으로 상경하는 나는
이파리라 부르는데 그것은 필명이다
성장할수록 나는 이목구비가 훤하여 찾는 손님이 많다
낮이면 일상에 바쁜 해님과 대화하고
밤이면 별님들이 앉아 시를 썼다
때론 날짐승들의 숙박업소로 전환하면
새벽이면 날 손님이 문전성시다
손님은 이슬을 주고 가는데 그것은 나에게는 금전
그러니 아침 해가 출근하자마자 나는 고향으로 송금이다
모이기만 하면 싸우는 구름 가족들의
눈물은 나에게는 연봉이다
가을이면 맵시 곱다고 사람들의 발길 끊어지질 않았고
눈도장까지 찍어가면서 나를 찾아오니

인기야말로 산천초목이 알아주었다
인기 뒤에 오는 우울증과 루퍼스 병에 걸린
내 속내는 아무도 모르고 있는 것쯤이야
끝까지 바르르 떨면서 이겨냈다
자연을 먹고 사는 나의 신조
나는 이미 바람이 밖에 와 있음을 잘 알고 있다
이별은 아름다워야 한다고 눈물 없이 떠나지만
보내는 저 나뭇가지는
겨울 동안 울면서 나를 기다릴 것이다

늙은 라일락꽃을 보면서

달빛에 젖은 늙은 라일락 한 그루가
밤새워 흐느적거리며 하얀 침대 등짐 지고
뒤척이는 어머니를 밤새워 간병한다고
병동 창가를 고개 내밀어 보고 있다
삶에 취해 문병조차 편안히 할 수 없는
내 마음을 알고 있는 어머님처럼
내일을 위해 어여 가라고
이파리가 떨어지도록 흔들고 있다
휘젓는 늙은 가지 마디마다 옹이가 깊다
앞만 보며 달려가는 잎을 말없이 뒷전에 서서
흰 꽃 날리며 서 있는 것이
지난날 야윈 옷차림에 마을 어귀 서서 치맛자락 날리며
서울로 가는 나를 바라보는 어머님 모습 같아서
당신을 오다가 보고
가다가 또 돌아본다

금강산 평화의 약국

오르고 내려가는 길손들아
내 말 좀 들어보소
내 위에서 돌아가는 세상 보자니
눈감고 귀 막은 지 오래이다
내 여기 서 있는 것이 원수로구나
보고 싶어 볼 수 없고
가고 싶어 갈 수 없는 세상이 없거늘
한 몸으로 태어난 것이 무슨 죄인가
흐르는 혈까지 막아야 한단 말인가
끊어진 혈관 아프다는 소리
듣지도 못하는 세상아
만이천봉 꽃 대궐이라 하지 마라
내 우환이 끊어지지 않고
병든 몸이고 보니
오로지 자유와 평화가 약이다
이 넓은 세상에
그 약 파는 평화의 약국이 없단 말인가

그날

허리에 철주 박고도 모자라
철조망으로 꽁꽁 동여매놓고
태연하게 살아가는 주인들아
얼마나 더 내가 당신들 눈치를 더 봐야 하느냐
윗마을 아랫마을 보고 있자니
손 있어 수술은 할 줄 모르고
서로 허공에다 삿대질만 하고 있느냐
비호의 몸으로 태어난 내가 원수다
지금은 세상을 포용하고
호령하는 비호라 말하지 마라
지금 앉은뱅이이다 보니
세상 뉴스가 된 내 모습이 부끄럽다
척추동물은 허리가 생명인 것을
알고 있는 주인이 나는 더 무섭다
기백의 땅 대대로 물려주고 싶은데
모르는 척하는 것이 더 아프단 말이다
마음은 갈수록 허약해지고 답답하여
오늘 주인님들께 부탁하고

내 모습으로 돌아가서
그날을 기다리면서 나는 살아갈 것이다
긴 세월 주인님 발바닥 버팀목인
한 줌의 흙이 모여 빚어낸 이 땅
호랑이로 태어난 나는 한반도다
지금 반불구로 버티니 맥이 빠지는 것은 당연하다
하지만 외면하지 않는다는 것을 알고 있는 비호다
그러니 주인을 믿고 기다릴 것이다
내가 수술하는 날
그날이 바로 통일이니

담쟁이덩굴의 신념

자수성가는 내생에는 없다
오르려는 욕망뿐이라 말하지 마라
돌아볼 시간조차 없는 현실 앞에
빨간 입술 깨물며 붙임성 있게 살아갈 뿐이다
요리조리 눈치 보며 남의 집
세 살아가는 것이 영락없는 풀 거머리지만
밑을 볼 시간조차 신은 내게 주지 않았다
세상은 손 내밀어 잡아주지도
따뜻한 눈길조차도 없으니
마디마디 정신력으로 무장할 수밖에
어금니 깨물며 온힘을 다해 살아가는
수만 장의 이파리들 단결심에 주인은 말이 없다
이것도 저것도 아닌 나를 내가 부끄러워한 적 없다
자유롭게 옷깃 세우며 위풍당당한 나무
그리고 고운 빛깔의 꽃잎이 향기를 날려도
묵묵히 내 갈 길 더디게 갈 뿐
남을 딛고 비비면서 살아간다고 이중인격자라 마라
고개 숙이는 겸손은 뼈 마디마디 깊이 박히어

한번 맺은 인연 배신은 없다
의리와 정으로 똘똘 뭉친 덩굴은
한파가 와도 맨살로 주인을 포근히 감싸고
칼바람에도 맨살로 대적하면서
주인 섬김을 으뜸으로 아는
담쟁이덩굴의 신념을 당신은 아셔야 한다

폐방

붉은 입술로 나를 빨 때마다
연기는 목을 타고 폐방에 들어가
평생을 암 덩어리 키우며 살아가는데
더 자랄 수 없을 때
당신과 함께 동행을 한다
나를 외면해야 한다고
청량한 폐방 만들어야 한다고
뇌로 전달해도 소식 없고
식도에 거머리 식구만 늘어나
폐방에 암 자식들만 행복하다
목은 기침을 앞세워
시도 때도 없이 데모다
이젠 버림받고 싶다고 선포를 해도
왜 자꾸 나를 찾아오는지
거부 못하는 내 심성을
당신은 이미 알고 있는 것이다
의지가 약한 당신 품에서
나도 이제 벗어나고 싶다는 이 심정을

흙

나는 포근한 고운 피부로
한평생을 살아가는데
건물도 나무도 바위도 잔풀도
내 손에 오면 나는 일단 품어버린다
절대 놓아주지 않는다
살갗 뜯기는 신축공사에서도
얼굴 깎아내는 아픔에도
몸속 관통하는 고통에도
아프다고 말이 없다
나는 내 삶이 끝나는 날
나와 동침을 하는 걸 알면서도
한 번이라도 너에게
고마워해본 적이 없는 나는
그저 말이 없다고 무시하지는 않았는지
내심 걱정도 되는 것이다

불혹

알람이 온몸으로 요동을 치면
혼이 퇴근해서 육체로 출근이다
동공 침대에 매일 출근하는 달
눈곱 생산하고 집으로 퇴근이다
새벽이 출근할 때
오장육부도 출근을 한다
아파트 갓등이 눈에 불을 켜고
막바지 철야 작업에 열중이다
별이 종종걸음으로 퇴근을 하고 있는데
안개는 벌써 출근해서 경계근무에 몰입이다

뼈를 갈아서 빛을 만드는 것을
어찌 해바라기들이 알까?
극한직업 삶을 책임지는 마음을 말이다

근육이 뭉치고 지압이 그립다
발이 역마살이니 동공은 쉬어가자고 데모다
가슴이 결제는 사절이다

내가 살아지면 구름이 몰려와
그 속에서 비틀거릴 해바라기들
심정을 알고 있기 때문이다
폭등하는 기름이 주식인 딱정벌레가 원망스럽고
작업복 역한 냄새가 싫다는 해바라기가 원망스럽다
연골이 울면서 현관문 열고 들어서는 순간
웃어야 하는 것이 불혹의 현실이다

질투

어두운 가정 환하게 밝히시고
종자들 가는 길 환하게 밝히다
자기 몸 하나 밝히지 못하시고
오는 만병 편안하게 해드린 당신
아버지가 되어서야 알았다

국화꽃 병풍 펼쳐놓고
생전 하시지도 않던 분단장
중풍도 무릎 관절도 멀리 출타하는 중이다
살을 파던 주름도 영원히 외출이고
동고동락하던 머리카락이 뒤로
반듯하게 눕더니
꽃상여에 승차하시고는 기척이 없다
눈물범벅 울음소리가 자장가이다

지금 내 앞에 있는 봉분은
생전의 아버지 모습이다
무릎과 손바닥이 땅을 짚고 있다

머리카락이 머리를 쓸고 내려와
바람 그네를 타는데
그때 찌지직 아프다고
코를 찌르는 잔디를 보고 있자니
질투가 나는 것이다
자상함을 잔디에게 쏟으니
곧은 성품으로 자라는 잔디가
나는 미워지는 것이다

심장아 고맙다

스물둘 구멍이 뱉어내는 하얀 연기
출구가 없자 구들장 틈새로 잠입해 들어와
들숨을 포획하는데 성공한다
그날 밤 일산화탄소의 포로가 되어
정신이 꽁꽁 묶이니 연체가 되어
밤새도록 끌려 다녔던 것이다

동짓달 밤 갑옷을 입은 동장군이
허공으로 칼을 휘휘 돌리니 칼바람이 일어났다
땅을 애무하는 연체의 몸은 얼어가는데
날숨에 도망가는 잔모래들의 눈빛은
밤하늘에 별빛처럼 반짝이고 있다
얼굴을 타고 노는 먼지는 혀가 마중을 나갔다
사람들의 머리는 달 없는 밤 강강술래다
영문도 없이 팔들은 삿대질이고
입은 벌리고 다물 뿐 소리는 들리지 않았다
머리통으로 야구를 하던 전봇대와 골목 벽 땅이
말간 얼굴로 출근하는 해를 보고서야 집으로 돌아갔다

연체의 뇌도 집으로 돌아왔고 두 동공도 시운전이다
멍 방석에 앉아 피멍울을 입에 물고 있는 살점들이
너덜너덜 떨면서 말을 하는 것이다
어젯밤 구타당한 것이 원기 회복하는데
일등공신이라고 말이다

아쉬워하는 눈치다 연탄아궁이 방바닥이
아직도 숨통 조이며 가스만 품고 돌아앉아 있다
유년 시절 태화동 19통 자취방
그날 이후 나에게는 지옥이고 적이 되었다
끝까지 내 곁에서 나를 지켜준 심장아 고맙다
함께 사선을 넘어오는 네가 있어 지금의 삶이 충만하다

구름 형제

구름은 구속받기 싫어하고 여행 다니길 좋아합니다
모이기만 하면 으르렁거리니 모이는 것이 두려운 것입니다
외로움으로 뭉치어 떠도는 것이
홀로서기로 한 세월 살아가는 내가 닮은 것입니다
항상 모이는 습성 뒤에 오는 것이 두려운 나처럼 말입니다
모이기만 하면 심장 갈라지도록 후려기는 번개 맥 빠지면
천둥이 나와 얻어터지는 것은 장마입니다
그러니 고집에 센 장마 울음보 터지면
초목들의 눈물은 그칠 줄 모릅니다
그래서 의리로 똘똘 뭉친 산이 산사태로 갈라지게 되는 것입니다
우리 형제 모이기만 하면 시뻘건 번개 눈들의 어머니 심장 갈라놓고
서로 돌아앉아 천둥처럼 으르렁거리며 외면하는 형제들입니다
그리고 끊어진 산처럼 왕래가 없는 것입니다
그러니 돌아앉아 눈물 찍는 어머니의 눈은

항상 장맛비가 내리는 것입니다

어머니 얼굴이 항상 그늘인 것은 우리 형제가 구름이기 때문입니다

까치는 훌륭한 건축가다

나무마다 옮겨 앉으며
터를 물색하는 까치
입에 문 굵은 가지는 대들보로 좋겠다
아주 높은 곳이나 낮은 곳은
피하는 것이 좋고
대각선으로 단단하게 엮어
역삼각형이 되게 지어야 한다
아담한 활엽수가 제격이되
우거진 숲은 피해야 한다
무엇보다 햇볕이 잘 드는 곳으로
사방이 막힘이 없어야 하고
장마철에는 배수가 잘 되어야 하며
폭염에는 통풍이 잘 되어야 한다
태풍이 와도 날아가지 않고
인간과 떨어진 곳은
되도록 피하면서
온갖 세파에도 끄떡없는 훌륭한 집을 지어야 한다

제3부

부지깽이

나무로 태어나.
불쏘시개가 본업이 되어
불구덩이 속을 헤집는다
막힌 불길 열어주며
자기 몸 오그라드는 것에는
관심도 없이
한평생을 살아가는데
내 삶 가는 길에
막힘이 많아서
불쏘시개를 찾아보지만
어디에도 없다
하루하루 막힘의 삶 살아가는
내 자신이 부지깽인 것을

벌금

공단의 극한직업에는
외국인 노동자가 많은 곳이다
불법노동자 하루 노동 시키고 이백만 원이라니
이것은 한 달 월급이다
이런 법이 어디에 있냐며
출입국관리소 팀장에게
사정을 하면 할수록 면담도 하지 않겠다고
사장님 전으로 벌금통지서 보낸다는데
억울하지만 줄 수밖에 없는 것이 현실이다
법은 있는 사람이 만들었으니
자기들한테 유리하게 만들어진 것이다
서민이 잘 살 수 있도록
법이 앞장서야 하거늘
당하는 것은 항상 없는 자들이고
극한직업 인력이 부족하면
문을 닫을 수도 없는 현실
악조건 속에서도 하루하루 분투하는
소사장 심정 미래도 보장 없는

샌드위치 산업 전선에 매달리는
여러분이 진정 애국자이다

어느 이주민 목사

단속반과 난투 끝에 육교 위에서
지상으로 최선의 선택이다
거미도 아닌 것이 말이다
눈이 천 개인 단속반이라도
이쯤 되면 외면해야 하는 것이고
불법 또한 냉정한 벌이라고
인정하는 불법체류자다
떨어진 그 모습은
떨고 있는 부엌 강아지이다
아픔을 참으려니 그렇게 보이는 것이다
어깨 등으로 이어지는 등판에
금이 가고 잘게 부서졌으니
더 큰 병원으로 입원시키라는
원곡동 주택 사거리
조그마한 병원 의원님의 말씀에
무슬림이라 기도하고
지압하면 낫는다는 친구들이다
하지만 이주민 목사님은

불법이지만 한 인간이기에
대한민국도 인권위원회 가입한 나라라고
퇴원 수속 밟는 어느 목사님
병원 보호자 역할에
미팅까지 해주시는 목사님

로마법

낯과 밤이 없는 안산 원곡동 주택 사거리는
분명 홍콩 싱가포르이다
모르는 말소리와 생김새가 다른
사람들의 삶의 터전이다 보니
제 나라에서 가지고 온 것이
타국에서는 가치가 없다
시간도 날씨도 언어도 먹는 반찬도
신었던 신발도 글도
로마 가면 로마법을 따라야 하듯
타국에서는 아무리 귀한 보물도
주머니 깊숙이 넣어 두어야 한다

재생

우리는 서로 죽음으로써 만남이다
저승을 향해 예를 갖추고 있는
장례식장이 우리들의 만남의 장소다
이승을 마친 고인을 뱅 돌려 앉아
환하게 반겨주고 있다
목 잘린 하얀 국화송이들
누구나 죽어서야 고운 향기 날리고
백옥 같은 피부가 되는 것은
새롭게 탄생하기 때문이라고
꽃들은 환하게 웃으면서 말한다
누구나 태어나면서부터
나와 약속을 하고 태어난다고
삶에 마지막 고개에서 만나자고
사각 틀에 돌려 앉아 오늘이 그날이라고
방글방글 웃고 있다
종이에 붙은 영정도 이젠 병 없는 세상에서
마음껏 살 수 있다고 편안하게
새로운 재생 준비에 웃고 있다

이주민의 모국

하늘길로 바닷길로 이역만리 타국 땅
평화의 밭에 사시사철 종자가 모이는 곳
다문화가 자라나는 원곡동입니다

노을이 해를 안고 동반 자살할 때
헐떡거리는 콩나물이 오물오물 올챙이가
앞다투어 간판으로 출근이다
알아듣지 못하는 말들이 입문 열고
출타하자마자 거리에 자살하기 바쁘다
모퉁이 돌아 지구대 옆
시름시름 앓고 있는 현금지급기 수술을 예약한 상태다
계절을 두고 시간을 두고 문화를 두고
여러 행로로 건너온 손님을 접대하다 보니
피곤이 쌓이고 혈압이 올라
속 내장이 터져 봉합수술을 받아야 한다
단속반의 눈이 더욱더 반짝이는 이곳에는
불법자는 나방을 죽이는 빛의 살인자다
어둠은 살인자라도 품는다는 것을

잘 알고 있는 불법자들이다
시간 언어 의복 식단이 비빔밥이다
새벽까지 접수받는 노래방은 향수병 환자들의 낙원
한낮에 눈물 훔친 휴지가 거리를 활보하니
건널목은 무시당하고 신호등은 사직서를 내기 바쁘다
오로지 고국 땅 부모형제를 위해
휴일에도 노동과 식사를 하고 청춘을 지불했다

어느 소사장의 일기

공단의 극한직업
외국인 노동자가 많은 곳에는
불법노동자 단속이 잦다
인력이 부족하여
문을 닫을 수도 없는 현실
악조건 속에서도 고군분투하는 소사장
미래도 보장 없는
샌드위치 공장에 매달리는
하루가 무겁기만 하다
단속반이라도 오는 날에는
찾는 자와 숨는 자의 혈투에
공장은 아수라장이고
잡히는 날에는 벌금이 한 달 월급이니
인력이 모자라는 극한직업
불법체류자가 없으면
가동할 수 없는 현실 앞에
저 소사장 하루가 무겁기만 하다

명함

금가루가 뿌려진 사각 밥상
열 손가락으로 받쳐 들고 있다
반찬들이 모두 비싼 것이니
구입하기도 어려운
화려한 자음과 모음의 반찬들을
대하고 보니
나는 엄두도 못 낼 것 같다
하지만 이미 받았으니 드려야 할
내 밥상은 지금은 없다
평생 이런 밥상을 차릴 수 없지만
내 마음의 양식 잘 가꾸어
한 줄 두 줄 엮어가다 보면
머지않아 초라하고 정성 어린 내 밥상
두 손으로
따뜻하게 차려 올리는 날이 올 것이다

유배지

계절을 수용하지 않고 피하는 데만 전전긍긍하면
게으른 상장만 즐비하고 몸이 무거워지는 것이다
그러니 뇌 곳간에는 빈곤의 열매만 가득차고
마음에는 본심도 모르면서 이간질의 싹이 자라나는데
입문 열고 출타할 때마다
내 두 귀에 담을 양식은 없고 쭉정이만 거동하게 되는 것이다
그러니 어느 누구에게 귀감이 될까 두렵다
이런 사람은 아무리 훌륭한 인품일지라도
풍채에 풍기는 비양심이 남아 있어 언젠간 활개를 치게 될 것이다
그러니 이 일을 어찌해야 합니까
세종대왕 신사임당 율곡 이이 퇴계 이황님
이런 사람에게 유배지를 정하여 내리셔야 합니다
내릴 것이니 교지를 따라야 할 것이다
비록 돈으로 환생을 한 우리라고 하지만
쉽게 보지 말아야 할 것을 명심하여야 할 것이다
이것은 우리와 냉전 상태를 고집하는 것이니

사절하면 되는 것이다 왕래도 없을 것이다
그러니 평생 마음의 밭을 갈아
거름을 주면서 옥토로 만들어야 한다
너의 몸 오욕을 깨끗하게 정화시켜야 한다
쓸모없이 뇌에 빌붙어 자라는 잡초를 말끔히 제거하면서
심심이 맑은 독서로 정진하여야 한다
이렇게 해야만 너의 후대에 우리가 왕래할 것이다
그리고 너의 텅 빈 지갑이 지금 너의 유배지인 것이다

못 잊을 사람

피곤한 머리를 식히기 위해
들판에 잠시 누워 하늘을 보는데
간간이 불어오는 바람은
내 솜털과 장난을 치고 있다
보고 싶다고 갈 수도 없는 거리에서
소리쳐 불러도 대답은 없고
빈 허공은 귀만 아프다는데
내가 보인다고 내 곁에 있고 싶다고
위를 보고 아래를 보며 흔들고 얼굴 비비고
내 곁을 서성이다가 살결도 만지는
내 곁을 떠날 수 없다는
소슬바람보다도 못한 사람아

보리의 지압과 안마

엄동설한 흙 이불 덮고
쿨쿨 잠만 자는 것을
봄은 이불을 걷어가고
아지랑이는 발길로 잠을 깨우는데
고개 내밀어 기지개한들
몸은 천근만근이고
온몸은 혈맥이 막히어
잎맥의 근육이 마비가 오는데
이럴 땐 안마를 하고 지압을 해야 한다
윤활하게 풀어주고
뚫어주어야 한다
퇴근 후 딸아이 아빠 등허리 밟고
아들 어깨 지압하듯이
걸어 다니는 몸 탑의 두 발이 바로
보리가 기다리는 지압이자 안마인 것이다

시계

도는 것이 인생이라
돌아야 배부른 삶이니
멈출 수가 없어라
내가 너의 노예가 되어
굴복하며 살아도
너는 쉬는 법이 없으니
고장 난들 대수냐
보이지 않는 것이
어디에도 없으니
내 숨이 멈추어
죽어도 나를 먹는 시계여
너는 무서운 존재이다

감자는 쌍둥이 신생아

눈을 감고
흙 골에 누워서야 눈을 뜨고
흙을 보듬고 안을수록
잉태하는 열매들
서로의 허리로 가슴으로
탯줄을 잡고서 헤어지지 말자고
흙 태반으로 숨어보지만
그럴수록 골의 흙배가 점점 불러오고
지붕이 무너지는데
흙문이 열리고 해가 들어와
강제로 이송을 당하는데
쌍둥이 형제들은 온몸을 굴려가며
시위를 해보지만
맨살 벗기고
탯줄이 떨어지는 고통 속에서
해산을 하는 쌍둥이 감자

청량산

기암괴석 명산이기에
겸손하고 장엄하기 그지없다
가까이 다가가면 갈수록
신비한 보물이 가득하고
오르면 오를수록 아름다움이야
도를 어기지 않으니 어진 산이다
또한 배려하는 마음 가졌으니
그 덕망 하늘에 닿아
천하제일의 미색이라
그 모습에 넋이 나간
선녀들 하늘다리에 내려와
가지 않으니
품은 가슴 또한 따뜻하여
나 또한 기대고 싶은 청량산이다

제4부

수묵화 전시회

달빛은 달의 붓
나뭇잎이나 묵직한 바위
풀과 꽃들을 그리는데
달 붓이 한번 휘갈길 때마다
아파트 창이나 벽에
수묵화 한 점씩 태어난다
온 세상이 화선지이다 보니
휘갈기는 족족
일필휘지
달 밝은 밤
사람들이 밤새 잠 못 이루는 이유는
달 붓이 그리는 수묵화를
마음속에 한 점씩
표구하고 있기 때문이다

묵은지

흙 골에 서서 겹겹이 치마폭으로
바람의 맛도 달빛 맛도 별빛의 맛도
속이 꽉 차도록 담았다
흙바람에 치맛바람 날릴까
질끈 동여매고
그날을 기다리며 서 있었다
송두리째 칼에 뿌리가 베이는 날
소금 비를 맞고서야 졸도를 하는데
붉은 손이 내 옷 겹겹이 뒤지고
자꾸 속옷을 쓰다듬으며
붉은 옷으로 갈아입혀
아담한 골격으로
땅속 깊은 독에서 푹 잠을 재운다
고름도 풀지 않고
치마폭 돌돌 말아 베개 삼아
한 석삼년 잠을 푹 자야
깊은 맛을 낼 줄 안다

목련꽃

호기심 많은 봄바람
하얀 속치마 들추더니
그 향기에 취한
모시명주나비 한 마리
버선발로
살랑살랑 그네를 탄다
춘삼월 저녁
그 모습 지켜보던 강아지가
부끄러이
붉은 노을 속에 숨는다

붓의 길

검은 먹물 벗 삼고 동행하니
청렴이 만인의 거울이다
한평생 동고동락하니
정직의 열매가 영글어 심이 풍년이고
인고의 고통을 삼키니
문방사우가 화목하다

단풍아 아름답다 말라
변하고서야 어찌 아름답다 하느냐
꽃이여 향기 있다 말라
유혹하기 위해 있는 향기가 어찌 향기란 말이냐
아름다움도 향기도 내 몸에 있는 것을
진정 모른단 말이냐

나는 배고파 굶은 적 많아도
너에게는 하루도 굶게 한 적 없다
너를 키우며 외길 인생 걸어보니
욕망이 발바닥에서 허덕이고

지혜가 앞장서니
선인이 따로 없는 것을
내 길을 걸어보라 붓의 길을 말이다

꽃의 호위병

꽃이 자리 잡고 앉고서야
호위병들은 방패 들고 나온다
꽃이 시들지 않도록 신선한
바람을 날려야 하고
흔들림에 어지러울까
밤낮 가지 붙들고 서서
꽃잎을 지켜야 한다
꽃이 낙하하는 날
아플까 등까지 빌려주는
꽃의 호위병
이파리들

치아의 조기 사직

입방 마주보고 서서 입문 열고 들어오는 음식들을 식도로 보내기 위해 밤낮 초긴장 상태로 노조도 없이 무일푼으로 근무하는 노동자 치아이다 작업복 입고 있는 나에게 잠옷 갈아입히지 않고 구취 풍기는 입방에서 잠을 재우니 기생충들의 나이트클럽이 되는 것이 나를 불안하게 하였다 교대근무도 없고 복지도 없다 그저 식욕의 눈먼 사용자 만나 살아가자면 죽어라 노동뿐이다 녹초의 몸으로 임하다 보니 작업은 잘 이루어지지 않았다 울타리 사이는 걸리는 찌꺼기가 많아 엄지와 집게가 쑤시게 들고 들어와 구석구석 쑤시고 밀면서 하수구로 흘려보낼 때마다 내 발이 딛고선 살 둑마저 내려앉아버렸다 버틸 힘조차 없다고 사용자는 산재도 없이 조기 사직을 수락하는 것이 나는 원망스러웠다 관리만 잘해주면 평생을 함께하는 것을 모르니 게으르고 무능력한 사용자이다 훗날 다시 나를 찾을 때는 비싼 몸값을 요구하는 것을 모른다니 안타까울 뿐이다 조기 사직을 수락한 사용자는 벌을 받고 있다 매일 군침 돌 때마다

사과 꽃잎 이야기

하얀 사과 꽃잎이
봄바람에 시집가면서
내게 일러주는 말
주인의 발자국 소리를
자주 들어야 하고
엄마 아빠의 손을 타야 한다고
갓 태어난 아이이니
일교에도 아주
민감한 피부라며
해를 자주 만나라 한다
그래야 고운 빛깔의
미소를 가질 수 있다고
그래야 해를 닮는다고
그러면 모든 사람이
일등품으로
나를 안아준다고 한다

얼음꽃

은빛 침의 꽃대는
매서운 칼바람일수록
흔들리지 않고
엄동설한 음지에서
조용히 피어나
무색 꽃으로
서로 안고 가늘게
떨면서 피는 꽃이다
꽃잎 사이로
무지개 피어나면
온몸이 눈물 되어
사라지는 얼음꽃

하얀 전쟁

얼어붙은 구름 강
눈발의 군무는 밤새워 돛을 내리고 있다
세상 먼지 오염과
전투를 하기 위해
숨소리 죽이며 착지하고 있다
낮이면 세상 먼지와 뒹굴며 싸우는데
하얀 피는 거리를 물들이고
세상이 전쟁에 아수라장이다
전사하면 태양이 시체를 거두어가지만
미처 태양이 거두어가지 못한 시체는
한밤중 땅에 얼어붙어버린다
그것은 아침에 전쟁을 하기 위해서다
그것도 인간과 말이다
너의 매끄러운 무기 앞에 속수무책인 인간
넘어지는 것은 노인들이 많은데
사망도 할 수 있다는 것이다
그래서 문밖출입을 금해야 하는 것이
겨울 아침 노인이 할 일이다

나는 너의 무기 앞에 아장아장 걷는
애기가 되어버리는 것이 내가 살 수 있는 것이다

이심전심

까칠한 솔 방석 당당한 오기로 이빨 앙다물고
빈 들 음지 솔 방석에 앉아 있는 눈꽃이
꽃인 척하는 것이 참 이상도 하다
때를 모르는 너나 갈 길 모르는 나나
마찬가지 같아 조용히 다가가 너를 보는데
모두가 그리움에 젖은 눈빛이다
해 눈치 보며 매달려 있는 모습이
왜 그리도 나와 똑같이 보이는지
빈껍데기로 세상에 매달린 나처럼
가는 계절에 너는 점점 작아지고
나는 늙어가는 것이 똑같은 인생이라
너는 춘삼월에 배고픈 양지가 데리고 가고
나는 세월이 인솔해가니
너나 나나 흔적 없이 사라지는 것은 마찬가지다

봄은 아기다

구름은 망사 입고
아주 고운 비를 솔솔 뿌리고
바람도 망사 입고
고운 바람 날리는데
아기봄꽃망울
잠에서 깰까봐
비는 조용히 세안을
바람은 사뿐사뿐 걷는다
해님이 구름 사이로
이불 들고
나와 살포시 덮어주면
새근새근 잘도 자는
아기 봄잠은 깊어간다

입술 항구에서 화장실 항구까지

입술 항구 선착장에 닿은 수저들 식사 시간마다 빠르게 하역이다 치아 인부들은 선장의 눈치에 거칠게 적재이고 노조 없이 치아 인부들에게 평생을 무일푼으로 노동시키는 선장 쓸모없을 땐 하나둘 추방이다 오로지 식욕에만 일등공신이고 역류와 급류 풍랑이 도사리는 숙지를 지키지 않는 것이 선장의 특징이다

배는 어두운 밤바다만을 항해하는데 뱃고동소리를 내는 것이 방귀다 등대 없이도 안전하게 항해하고 있다는 소리이고 그것은 목적지 화장실 항구가 가까이 있다는 신호이기도 하다

화장실 항구 선착장에 도착하면 허리에 묶은 돛을 살살 풀고 안전하게 정박하면 된다 이때 뱃속 오장육부가 한 몸으로 하역을 하니 에너지 소모가 많다 하역이 끝남과 동시에 노란 낙관을 받아 쥐고 배고픈 휴지통에게 전달하고 시원하게 다시 항해하면 되는 것이다

예전엔 몰랐었다

이른 아침 풀잎 겨드랑이에 매달린
하얀 물집에는 내가 살고 있는 것이다
아주 작고 얇은 물 창가에서
내가 나를 보고 있는 것이다
바들바들 떨면서 말이다
내 모습이 이리도 가볍고 작았었는지
그리고 동반자살 할 만큼
나를 사랑한 이슬이라니
분명 나는 한 사람인데 너에게 가면
쌍둥이가 되어 있는 것을 예전엔 몰랐었다

음력 십이월 구일

올해도 어김없이 아버지는 호출하신다
저녁 같이 먹자고
약속하신 자시(子時)가 오면
아버지는 열어놓은 문으로
그림자 없이 들어오시어
무릎 꿇고 머리 조아리고
무늬목 바닥을 보며
엎드린 나를 보시고
소리 없이 잡수신 뒤에는
한 상을 내어놓으시고
몸에는 피곤을 눈에는 추를
선물로 주시고는
약속은 지킨 것이라고
막차도 없는데 늦은 밤 내려가신다
생활력 강하신 것은
저승에서도 여전하신가 보다

해설

수장될 수 없는 그리움의 노래

이철경 시인 · 문학평론가

인간의 욕망은 지구상에 공존하는 수많은 동물 중에 가장 이기적이고 파괴적이다. 동서양을 막론하고 일부 극소수자의 안위를 위해 사람이 사람을 약탈하고 노예 삼아 부를 창출하는 자본주의의 폐단은 대륙과 대륙에서 국가와 국가, 더 큰 민족과 소수민족의 치열한 싸움의 역사로 이어져 왔다. 그러나 시대가 변하면서 인간은 자연 친화적인 공존보다는 살아 숨 쉬는 환경마저 파괴하며 문명의 발전이라는 핑계로 지구를 점점 병들게 하고 있다.

그 대표적인 환경파괴는 자연 그대로 흘러가는 강물을 막아 댐 건설이나 보를 설치하거나 원자력발전소를 건설하는 것이다. 이러한 인간의 끝없는 욕망은 수많은 동식물을 물속에 수장하는 폐해를 낳았다. 수많은 댐 건설로

마을이 수장되고, 오랜 역사의 문화재가 물에 잠기기도 했다. 그에 따라 그곳에 살던 사람들도 고향을 떠나 수만 리 타향으로 고향을 등지는 실향민이 되어야 했다. 아주 극한 예로 중국에서 가장 크고 넓은 싼샤(三峽, 삼협)댐이 건설되면서 하류에 있는 일반 동물만이 아닌, 힘없는 하층민도 산 채로 수장되는 일도 있었다고 한다. 이렇게 댐 건설로 강제 이주시키거나 친척이나 동무들과 헤어지는 수많은 실향민이 발생하게 되었다. 삶의 터전을 버리고 여기저기 뿔뿔이 흩어지면서 그들만의 독특한 아픔을 노래한 문학작품들이 나오기도 했다. 그중에서도 경북 안동의 수몰 지역에서 태어난 김시동 시인의 독특한 수몰민의 애환을 다룬 시를 예의주시하며 읽었다.

고통 옛 정자 팔부 능선에 앉아 옛 전설을 입고
살아가니 오가는 미물도 솔향기도
찾아오는 것이 예나 지금이나 변함이 없고
봄이면 송홧가루 산벚꽃도 흐드러지게
날리고 피는 것도 그대로입니다
솔잎 사이로 간간이 눈치 보는
안동호는 아무리 봐도 객인 것은 어쩔 수 없나 봅니다

내 여기 서서 오가는 행인들 말벗 하자니

모두가 이별의 원망의 눈빛이고
샘솟는 그리움도 모두가 갔으니
이별도 그리움도 내 화답하지 못하고
뜬눈 세워 새벽이슬만 드리니 마음이 아픕니다
그리고 노을 진 눈으로 떠나가는 당신의 뒷모습 보니
숙연해지는 이 몸 가슴이 여미어 오는 것은 어쩔 수 없나
봅니다

—「동무 생각」 부분

위의 시를 읽어보면 수몰민의 그리움과 애환을 느낄 수 있다. “오가는 행인들과 말벗 하자니” 그리운 사람들의 화답 없는 이별의 아픔만이 메아리로 되돌아올 뿐이다. 시인의 고향 마을에 안동댐이 들어서면서 수몰된 정신적 고통(안동군 예안면 귀단동의 마을 이름)에서 옛 친구들과 송홧가루 날리는 고향의 유년을 그리워한다. 시인은 고향을 잃은 실향민의 마음을 다독이며 대변하지만, 이미 호수 속에 묻혀버린 물속 산천은 실향민의 앙금으로 남아 있을 뿐이다. 이제는 관광객만이 이따금 마주칠 뿐이고 옛정이 없는 외지인들은 고향을 잃는 실향민의 아픔 따윈 관심도 없다.

이러한 시인은 오래전 고향을 떠나 도시 변두리로, 시인 자신이 유배지라 부르는 공단으로 흘러들어가 또 다른 실

향민인 이주노동자들과 노동을 하며 함께 생활하고 있다. 자신의 처지나 타국에서 흘러들어온 이주노동자의 생활이나 정도의 차이만 있을 뿐, 똑같이 고향을 등지고 힘든 노동으로 살아가고 있다. 이주노동자의 허기진 삶과 고향을 잃은 시인의 삶에서 동질감을 느끼며 그들과 함께 삶의 고충을 토로하고 있다.

> 비록 돈으로 환생을 한 우리라고 하지만
> 쉽게 보지 말아야 할 것을 명심하여야 할 것이다
> 이것은 우리와 냉전 상태를 고집하는 것이니
> 사절하면 되는 것이다 왕래도 없을 것이다
> 그러니 평생 마음의 밭을 갈아
> 거름을 주면서 옥토로 만들어야 한다
> 너의 몸 오욕을 깨끗하게 정화시켜야 한다
> 쓸모없이 뇌에 빌붙어 자라는 잡초를 말끔히 제거하면서
> 심심이 맑은 독서로 정진하여야 한다
> 이렇게 해야만 너의 후대에 우리가 왕래할 것이다
> 그리고 너의 텅 빈 지갑이 지금 너의 유배지인 것이다
>
> —「유배지」 부분

시인은 '유배지'에서 "비록 돈으로 환생을 한 우리라고 하지만/쉽게 보지 말아야 할 것을 명심하여야" 한다고 말

한다. 머나먼 타지에서 자본의 표상인 돈으로 환생하는 물신주의에 대한 강력한 힘에 대하여 강조한다. 돈이라는 물질에 서로가 서로를 옭아매는 노예가 되어 속박하는 구조적 결집으로 유배된 것이다. 유배지를 떠나 고향으로 되돌아가려 하지만 쉽지 않다. 시인도 물론이거니와 이주노동자도 자본의 논리에 묶여 헤어 나올 수 없다. 그러면서 시인은 그 속박에서 벗어날 수 있는 것은 "평생 마음의 밭을 갈아/거름을 주면서 옥토로 만들어야 한다/너의 몸 오욕을 깨끗하게 정화시켜야 한다/쓸모없이 뇌에 빌붙어 자라는 잡초를 말끔히 제거하면서/심심이 맑은 독서로 정진하여야 한"(「유배지」)다고 제시한다. 이 말은 함께하는 이주노동자에게 말하는 자신의 페르소나로 볼 수 있다.

자신도 이미 유배지에서 또 다른 수몰민 같은 타자들과 동고동락하면서 서로가 서로에게 다독거려주는 것이다. 이 말은 고향을 잃고 공단으로 흘러들어온 시인과 고향을 등지고 돈 벌려고 머나먼 타국인 공단에서 "객은 내가 아니고 바로 네가 객인 채"(「벙어리 안동호야」) 서로의 어깨를 감싸고 있다. 가난하고 볼품없는 불법체류자 같은 너와 나는 "너의 텅 빈 지갑이 지금 너의 유배지"(「유배지」)라고 말한다.

그들은 고향을 잃고 유배지에서 방황하는 불법체류자처럼 돌아갈 곳을 잃고 "단속반과 난투 끝에 육교 위에서/

지상" 아래 나락으로 떨어진다. "불법 또한 냉정한 벌이라고/인정하는 불법체류자"(「어느 이주민 목사」)가 되어 동일한 수몰민의 애환을 토로한다. 고향을 떠나 되돌아갈 수 없는 무한 체류자인 화자의 입장으로 볼 때 "소 사장의 하루가 무겁기만" 할 뿐이다.

사계 예안 태곡 들에 반듯하게 서서
남산을 향해 서 있노라면 상념이
노을 되어 온몸을 휘감고 주마등처럼 스치는
회상이 얼굴을 스치고 귓불을 지나고
가슴을 스치니 아들딸 가는 길 어두울까
노심초사하는 심성 밤하늘 유성보다 밝아서라
동계수 흐르는 물소리가 아무리 청량해도
아들딸 책 읽는 소리보다 못하였고
밤하늘 별이 아무리 밝아도
내 자식 동공보다 밝지 못하였다
태산이 높다 한들 자식 꿈보다 높지 않았고
지긋이 눈감아 내 오늘 자식들 그려보니
하나같이 타향 객지 고을마다 이 몸
그리는 열성 효심은 바다처럼 넓은데
그 도량 또한 너무 깊어 내 오늘 너무 기쁘다

—「동계초의 염원」 부분

무한 타지의 체류자인 시인은 고향을 떠나 자식을 낳고 수많은 사람을 만나지만, 타향살이 마음은 언제나 고향 산천에 머물러 있다. 그 그리움은 수몰이 되기 이전, 함께 놀던 동무들을 그리워하는 마음으로 표현된다. "남산을 향해 서 있노라면 상념이/노을 되어 온몸을 휘감고 주마등처럼" 스친다. 그 그리움은 "얼굴을 스치고 귓불을 지나고/가슴을 스치니 아들딸 가는 길 어두울까" 라며 자식에 대한 애정으로 전이된다. 뿔뿔이 흩어진 타지에서 서로 위하고 기댈 수 있는 것은 가정이라는 울타리임을 상기시킨다. 고향을 떠나 기댈 곳 없는 타향살이에서 유일한 위안은 처자식의 안녕과 가정의 행복으로 귀결된다.

문명이 발전됨에 따라 핵가족이 급속하게 전개되면서 가족 해체의 문제가 발생되었다. 이러한 현 시대에서 아버지의 부재가 논란의 핵으로 떠오르고 있다. 현시점에 아버지의 부재는 문화적 코드가 된 듯 그동안 여성의 시에서 아버지의 이름이란, 억압과 배척해야 할 대상으로 그려지고 있었다. 그것은 한국 사회가 6 · 25 전쟁 이후 잿더미에서 빨리빨리 문화와 독재개발에 따라 강압적인 부성애의 삐뚤어진 결과이기도 했다. 한국사회는 군부독재의 시대를 지나면서 부권은 아무도 대적할 수 없는 주춧돌처럼 강력한 버팀목이었다. 그러나 시대가 변화하면서 그 단단하기만 했던 아버지란 이름이 최근 시의 경향에서 부성(父性)의 변화를 엿볼 수 있다. 김시동 시인도 본 시집에서 부드럽고 온화한 시선으로 자식에 대한 무한한 애착과 믿음의 새로운 프리즘을 제시하고 있다. 기존 시에서 흔히 볼 수 없는 따뜻한 마음으로 "태산이 높다 한들 자식 꿈보다 높지 않다"고 무한 신뢰를 보여주는 것이다.

이 시에서 눈여겨볼 대목은 기존 실향민의 파괴적이고 강력한 부권의 행사에서 부드러운 아비의 모습을 보여주고 있는 점이다. 그것은 한국전쟁 이후 한국사회의 집단주의에서 현 시대적 흐름인 개인주의가 팽배해짐에 따라 위의 시에서 보여주듯, 시인의 또 다른 외적 자아의 표상을 보여주고 있는 것이다. 한국 정치사회의 변화에 따라 아버지의 자식에 대한 시선을 볼 수 있다. "동계수 흐르는 물소리가 아무리 청량해도/아들딸 책 읽는 소리보다 못하였고/밤하늘 별이 아무리 밝아도/내 자식 동공보다 밝지" 못하다고 철학자 장 자크 루소와 같이 자식에게 대한 깊은 애정과 책을 읽는 소리에 감명 받고 있다. "열성 효심은 바다처럼 넓은데/그 도량 또한 너무 깊어 내 오늘 너무 기쁘다"(「동계초의 염원」)다고 노래한다. 시인은 자식이 책을 사랑하는 것이 부권의 인정을 확인하는 것으로 보고 있다.

눈으로 유언장을 쓰시는지
시골 방구들 등짐 지고
파리똥 묻은 천장을 뚫어져라 보는 동공
벽에 걸린 무명 동아줄 잡고도
일어나지 못하는 산송장
닫고 있던 입문이 열리고
애비 살아 있을 때
얼굴 마이 봐래이 하신다
내 가슴 위로 물수제비가 일고
심장은 파문을 일으키지만
생계를 위해
일어서야 하는 내 삶이 원수다
그날
넘어오던 박스재 저녁노을이
아버지의 눈처럼 충혈이 심하다

—「저녁노을」 전문

그러나 대부분 시인의 아버지 세대는 그렇지 못한 세대이다. 집단으로 이주한 실향민처럼 온 가족을 이끌고 도시로 공단으로 휩쓸려 왔을 터이다. 아버지는 시인보다 더 고단하고 집단적인 노동과 정신적 빈곤함에 놓여 있었을 것이다. 위의 시에서 보듯, 아버지는 가난 때문에 "생계를 위해/일어서야 하는 내 삶이 원수다" 그것은 아버지의 삶이 그리 순탄치 않았음을 보여주고 있다. 그것은 다음의 구절에서 유추할 수 있다. "하얀 실로 돌돌 고치를 말면 염이 끝나는 것이라고 거미집의 아침은 언제나 분주하다"(「겸손한 건축가」). 그러한 아버지의 죽음은 시인에게 크나큰 슬픔으로 다가왔을 것이다. "벽에 걸린 무명 동아줄 잡고도/일어나지 못하는 산송장" 같은 세월을 살다 간 아버지의 모습에서 시인은 고향을 떠나 유배지 같은 타향에서 아비의 임종을 바라보며 그와 똑같이 가족의 생계를 위해 타국의 육체노동자와 같은 힘든 날들을 보내고 있다.

은하수로 수놓은 물결
달빛에 젖어 주름살
살살 피며 흐르는 이 밤
고요 속에 고운 모래 만지는
바람결의 소리
모래손이 보드라워라
그리움에 지새운
이 밤이야 후회 없다지만
새벽까지 깨어 있는 까닭은
밤새 강물에 뒤척이는
외로운 무섬 탓이고

돌아앉아 마른 눈물 훔치며
저리 흘러가는 까닭은
멀리서 찾아오는 길손을
그냥 보낼 수 없기 때문이리라

—「나를 품은 무섬」 전문

김시동 시인의 시에 수많은 수몰된 지역명이 나온다. 가령 무섬(영주 수도리에 있는 마을)이나 고통(안동 예안면 귀단동의 마을) 또는 부포(예안면 귀단리의 마을)과 예안면 태곡리에 위치한 동계초등학교 등, 시인의 유년의 그리움이 묻어나는 수몰 지역이다. 이제는 그 지역 사람들마저 고향의 이름조차 기억에서 사라져버린 유년을 품고 있는 아픈 기억일 것이다. "그리움에 지새운/이 밤이야 후회 없다지만/새벽까지 깨어 있는 까닭은/밤새 강물에 뒤척이는/외로운 무섬 탓"이라고 시인은 말하지만, 어찌 그 '무섬'만의 탓일까. 시인이 깊은 밤, 잠 못 이루고 그리워하는 까닭은 '나를 품었던 무섬'과 고향 산천에서 함께 뛰놀던 동무들이 그리워서일 것이다. 그 그리움은 "돌아앉아 마른 눈물 훔치며/저리 흘러가는 까닭은/멀리서 찾아오는 길손을/그냥 보낼 수 없기 때문이리라"이라고 말한다.

고향산천이 눈에 아른거리고 동무가 사무치게 그리운 것은 만날 수 없기 때문이기도 할 것이다. 그것은 뿔뿔이 흩어진 이산가족처럼, 돈벌이로 머나먼 고향을 떠나 한국에서 힘든 노동으로 살아가는 외국인 노동자와 그리움은 별반 다르지 않다. 시인의 아버지가 품었던 그리움은 시인을 관통하여 아들에게 그대로 전이되어 상속될 것이다. 고향을 잃은 실향민처럼 뿌리가 잘린 상처를 안고 사는 것이다.

그 뿌리의 기억을 치유하려면 막았던 댐을 허물고 마을을 복원하여 오래전 기억을 되살려야 하는데 그것은 너무나 힘들고 이루어지지 않을 희망이다. 그러니 그 상처는 끊임없이 실향민으로 살아야 하는 정신적 천형을 받았다고 할 수 있다. 이 많은 고향에 대한 기억과 상처는 혼자만의 문제가 아니라 문명이 발전되면서 불가피하게 발생하는 일이라 어찌할 수 없음을 시인도 알고 있을 것이다.

김시동 시에 전반적으로 흐르는 고향에 대한 그리움은 환경파괴로 인한 영향으로 파생된 집단 이주민의 고통이다. 그의 상처는 더 나아가 공단으로 흘러들어온 타국의 값싼 노동자들과 불법체류자들의 고충이 뒤섞여 새로운 정한(情恨)으로 확대되고 있다. 그것은 시인이 살아온 내력과 밀접한 관계가 있으므로 쉽게 아물지 않을 것이다. 독자는 김시동 시인의 시에서 드러난 집단 이주자 또는 실향민의 새로운 상처의 흐름을 엿볼 좋은 기회이다. 이보다 더 큰 실향민의 상처가 남북으로 단절된 실향민이라면, 강도는 약하나 개인사적으로 볼 때 그에 뒤지지 않은 상처이다.

인간은 더 많은 생산과 더 많은 욕망의 이빨을 드러낸 채 풍요를 요구한다. 그에 따라 이 지구상에 수많은 댐과 수많은 원전이 건설되고 있고 그에 따른 환경파괴도 점점 커지고 있다. 최근 일본에서 벌어지고 있는 후쿠시마 원전의 재해는 전 국가적 재앙으로 다가오고 있다. 그 피해는 강의 지류를 막는 댐 건설보다 수백 배, 수천 배 더 클 것이다. 인간의 이기적 대량생산은 인간의 욕망에 기인함을 알고 있다. 환경이 파괴됨에 따라 수많은 동식물이 기형적인 형태로 재생산되어 인간의 삶을 위협하고 있다. 이제 환경문제는 김시동 시인이 아파하고 그리워하는 실향의 아픔을 뛰어넘어 전 지구적으로 관심을 가져야 할 시점이다. 이번에 출간되는 김시동의 시집이 수몰민의 개인사적인 그리움의 상처뿐만 아니라 환경문제에 대한 경각심과 자연 파괴로 인한 사회적 문제까지 아우를 수 있었다면 하는 아쉬움은 필자의 욕심 탓이리라. 그의 다음 시집을 독자들과 함께 기대해보기로 하자.

이 도서의 국립중앙도서관 출판시도서목록(CIP)은 서지정보유통지원시스템 홈페이지(http://seoji.nl.go.kr)와 국가자료공동목록시스템(http://www.nl.go.kr/kolisnet)에서 이용하실 수 있습니다.(CIP제어번호: CIP2013012995)

문학의전당 시인선 159

눈물은 나의 연봉

초판 1쇄 인쇄 2013년 8월 05일
초판 1쇄 발행 2013년 8월 12일
지은이 김시동
펴낸이 김석봉
책임편집 이현호
디자인 조동욱
펴낸곳 문학의전당
출판등록 제311-2012-000043호
주소 서울시 은평구 연서로11길 7-5 401호
편집실 서울시 마포구 공덕2동 404 풍림VIP빌딩 413호
전화 02-852-1977
팩스 02-852-1978
블로그 http://blog.naver.com/mhjd2003
전자우편 sbpoem@naver.com

ISBN 978-89-98096-37-3 03810

* 이 책은 안산시 문화예술진흥기금을 받아 제작되었습니다.